ÉLOGE DE LA SINCÉRITÉ

ÉLOGE DE LA SINCÉRITÉ

Montesquieu

Copyright © Montesquieu 2022 (Domaine public)
Édition : BoD – Books on Demand, info@bod.fr
Impression : BoD – Books on Demand, In de Tarpen 42, Norderstedt (Allemagne)
Impression à la demande
ISBN : 978-2-3224-2372-9
Dépôt légal : mai 2022
Tous droits réservés

Les Stoïciens faisaient consister presque toute la philosophie à se connaître soi-même. «La vie, disaient-ils, n'était pas trop longue pour une telle étude. » Ce précepte avait passé des écoles sur le frontispice des temples ; mais il n'était pas bien difficile de voir que ceux qui conseillaient à leurs disciples de travailler à se connaître ne se connaissaient pas.

Les moyens qu'ils donnaient pour y parvenir rendaient le précepte inutile: ils voulaient qu'on s'examinât sans cesse, comme si on pouvait se connaître en s'examinant.

Les hommes se regardent de trop près pour se voir tels qu'ils sont. Comme ils n'aperçoivent leurs vertus et leurs vices qu'au travers de l'amour-propre; qui embellit tout, ils sont toujours d'eux-mêmes des témoins infidèles et des juges corrompus.

Ainsi, ceux-là étaient bien plus sages qui, connaissant combien les hommes sont naturellement éloignés de la vérité, faisaient consister toute la sagesse à la leur dire. Belle philosophie, qui ne se bornait point à des connaissances spéculatives, mais à l'exercice de la sincérité ! Plus belle encore, si quelques esprits faux, qui la poussèrent trop loin, n'avaient pas outré la raison même, et, par un raffinement de liberté, n'avaient choqué toutes les bienséances.

Dans le dessein que j'ai entrepris, je ne puis m'empêcher de faire une espèce de retour sur moi même. Je sens une satisfaction secrète d'être obligé de faire l'éloge d'une vertu que je chéris, de trouver, dans mon propre coeur, de quoi suppléer à l'insuffisance de mon esprit, d'être le peintre, après avoir travaillé toute ma vie à être le portrait, et de parler enfin d'une vertu qui fait l'honnête homme dans la vie privée et le héros dans le commerce des grands.

PREMIÈRE PARTIE - DE LA SINCÉRITÉ PAR RAPPORT À LA VIE PRIVÉE

Les hommes, vivant dans la société, n'ont point eu cet avantage sur les bêtes pour se procurer les moyens de vivre plus délicieusement. Dieu a voulu qu'ils vécussent en commun pour se servir de guides les uns aux autres, pour qu'ils pussent voir par les yeux d'autrui ce que leur amour-propre leur cache, et qu'enfin, par un commerce sacré de confiance, ils pussent se dire et se rendre la vérité. Les hommes se la doivent donc tous mutuellement.

Ceux qui négligent de nous la dire nous ravissent un bien qui nous appartient. Ils rendent vaines les vues que Dieu a eues sur eux et sur nous. Ils lui résistent dans ses desseins et le combattent dans sa providence.

Ils font comme le mauvais principe des Mages, qui répandent les ténèbres dans le monde, au lieu de la lumière, que le bon principe y avait créée.

On s'imagine ordinairement que ce n'est que dans la jeunesse que les hommes ont besoin d'éducation ; vous diriez qu'ils sortent tous des mains de leurs maîtres, ou parfaits, ou incorrigibles. Ainsi, comme si l'on avait d'eux trop bonne ou trop mauvaise opinion, on néglige également d'être sincère et on croit qu'il y aurait de l'inhumanité de les tourmenter, ou sur des défauts qu'ils n'ont pas, ou sur des défauts qu'ils auront toujours.

Mais, par bonheur ou par malheur, les hommes ne sont ni si bons ni si mauvais qu'on les fait, et, s'il y en a fort peu de vertueux, il n'y en a aucun qui ne puisse le devenir.

Il n'y a personne qui, s'il était averti de ses défauts, pût soutenir une contradiction éternelle ; il deviendrait vertueux, quand ce ne serait que par lassitude.

On serait porté à faire le bien, non seulement par cette satisfaction intérieure de la conscience qui soutient les sages, mais même par la crainte des mépris qui les exerce.

Le vice serait réduit à cette triste et déplorable condition où gémit la vertu, et il faudrait avoir autant de force et de courage pour être méchant, qu'il en faut, dans ce siècle corrompu, pour être homme de bien.

Quand la sincérité ne nous guérirait que de l'orgueil, ce serait une grande vertu qui nous guérirait du plus grand de tous les vices.

Il n'y a que trop de Narcisses dans le monde, de ces gens amoureux d'eux-mêmes. Ils sont perdus s'ils trouvent dans leurs amis de la complaisance. Prévenus de leur mérite, remplis d'une idée qui leur est chère, ils passent leur vie à s'admirer. Que faudrait-il pour les guérir d'une folie qui semble incurable ? Il ne faudrait que les faire apercevoir du petit nombre de leurs rivaux; que leur faire sentir leurs faiblesses ; que mettre leurs vices dans le point de vue qu'il faut pour les faire voir, que se joindre à eux contre eux-mêmes, et leur parler dans la simplicité de la vérité.

Quoi ! Vivrons-nous toujours dans cet esclavage de déguiser tous nos sentiments ? Faudra-t-il louer, faudra-t-il approuver sans cesse ? Portera-t-on la tyrannie jusque sur nos pensées ? Qui est-ce qui est en droit d'exiger de nous cette espèce d'idolâtrie ? Certes l'homme est bien faible de rendre de pareils hommages, et bien injuste de les exiger.

Cependant, comme si tout le mérite consistait à servir, on fait parade d'une basse complaisance. C'est la vertu du siècle ; c'est toute l'étude d'aujourd'hui. Ceux qui ont encore quelque noblesse dans le coeur font tout ce qu'ils peuvent pour la perdre. Ils prennent l'âme du vil courtisan pour ne point passer pour des gens singuliers, qui ne sont pas faits comme les autres hommes.

La vérité demeure ensevelie sous les maximes d'une politesse fausse. On appelle savoir-vivre l'art de vivre avec bassesse. On ne met point de différence entre connaître le monde et le tromper ; et la cérémonie, qui devrait être entièrement bornée à l'extérieur, se glisse jusque dans les moeurs. On laisse l'ingénuité aux petits esprits, comme une marque de leur imbécillité. La franchise est regardée comme un vice dans l'éducation. On ne demande point que le coeur soit bien placé ; il suffit qu'on l'ait fait comme les autres. C'est comme dans les portraits, où l'on n'exige autre chose si ce n'est qu'ils soient ressemblants.

On croit, par la douceur de la flatterie, avoir trouvé le moyen de rendre la vie délicieuse. Un homme simple qui n'a que la vérité à dire est regardé comme le perturbateur du plaisir public. On le fuit, parce qu'il ne plaît point; on fuit la vérité qu'il annonce, parce qu'elle est amère ; on fuit la sincérité dont il fait profession parce qu'elle ne porte que des fruits sauvages ; on la redoute, parce qu'elle humilie, parce qu'elle révolte l'orgueil, qui est la plus chère des passions, parce qu'elle est un peintre fidèle, qui nous fait voir aussi difformes que nous le sommes.

Il ne faut donc pas s'étonner si elle est si rare : elle est chassée, elle est proscrite partout. Chose merveilleuse ! elle trouve à peine un asile dans le sein de l'amitié.

Toujours séduits par la même erreur, nous ne prenons des amis que pour avoir des gens particulièrement destinés à nous plaire : notre estime finit avec leur complaisance ; le terme de l'amitié est le terme des agréments. Et quels sont ces agréments ? qu'est-ce qui nous plaît davantage dans nos amis ? Ce sont les louanges continuelles, que nous levons sur eux comme des tributs. D'où vient qu'il n'y a plus de véritable amitié parmi les hommes ? que ce nom n'est plus qu'un piège, qu'ils emploient avec bassesse pour se séduire ?

«C'est, dit un poète, parce qu'il n'y a plus de sincérité. » En effet, ôter la sincérité de l'amitié, c'est en faire une vertu de théâtre ; c'est défigurer cette reine des coeurs ; c'est rendre chimérique l'union des âmes ; c'est mettre l'artifice dans ce qu'il y a de plus saint et la gêne dans ce qu'il y a de plus libre. Une telle amitié, encore un coup, n'en a que le nom, et Diogène avait raison de la comparer à ces inscriptions que l'on met sur les tombeaux, qui ne sont que de vains signes de ce qui n'est point.

Les anciens, qui nous ont laissé des éloges si magnifiques de Caton, nous l'ont dépeint comme s'il avait eu le coeur de la sincérité même. Cette liberté, qu'il chérissait tant, ne paraissait jamais mieux que dans ses paroles. Il semblait qu'il ne pouvait donner son amitié qu'avec sa vertu. C'était plutôt un lien de probité que d'affection, et il reprenait ses amis, et parce qu'ils étaient ses amis, et parce qu'ils étaient hommes.

C'est sans doute un ami sincère que la fable nous cache dans ses ombres, lorsqu'elle nous représente une divinité favorable, la Sagesse elle-même, qui prend soin de conduire Ulysse, le tourne à la vertu, le dérobe à mille dangers, et le fait jouir du ciel, même dans sa colère. Si nous connaissions bien le prix d'un véritable ami, nous passerions notre vie à le chercher. Ce serait le plus grand des biens que nous demanderions au Ciel; et, quand il aurait rempli nos voeux, nous nous croirions aussi heureux que s'il nous avait créés avec plusieurs âmes pour veiller sur notre faible et misérable machine. La plupart des gens, séduits par les apparences, se laissent prendre aux appâts trompeurs d'une basse et servile complaisance ; ils la prennent pour un signe d'une véritable amitié, et confondent, comme disait Pythagore, le chant des Sirènes avec celui des Muses.

Ils croient, dis-je, qu'elle produit l'amitié, comme les gens simples pensent que la terre a fait les Dieux; au lieu de dire que c'est la sincérité qui la fait naître comme les Dieux ont créé les signes et les puissances célestes. Oui ; C'est d'une source aussi pure que l'amitié doit sortir, et c'est une belle origine que celle qu'elle tire d'une vertu qui donne la naissance à tant d'autres.

Les grandes vertus, qui naissent, si je l'ose dire, dans la partie de l'âme la plus relevée et la plus divine, semblent être enchaînées les unes aux autres. Qu'un homme ait la force d'être sincère, vous verrez un certain courage répandu dans tout son caractère, une indépendance générale, un empire sur lui-même égal à celui qu'on exerce sur les autres, une âme exempte des nuages de la crainte et de la terreur, un amour pour la vertu, une haine pour le vice, un mépris pour ceux qui s'y abandonnent. D'une tige si noble et si belle, il ne peut naître que des rameaux d'or.

Et si, dans la vie privée - où les vertus languissantes se sentent de la médiocrité des conditions ; où elles sont ordinairement sans force, parce qu'elles sont presque toujours sans action; où, faute d'être pratiquées, elles s'éteignent comme un feu qui manque de nourriture - si, dis-je, dans la vie privée, la sincérité produit de pareils effets, que sera-ce dans la cour des grands ?

SECONDE PARTIE - DE LA SINCÉRITÉ PAR RAPPORT AUX COMMERCES DES GRANDS

Ceux qui ont le coeur corrompu méprisent les hommes sincères, parce qu'ils parviennent rarement aux honneurs et aux dignités ; comme s'il y avait un plus bel emploi que celui de dire la vérité ; comme si ce qui fait faire un bon usage des dignités n'était pas au-dessus des dignités mêmes.

En effet, la sincérité même n'a jamais tant d'éclat que lorsqu'on la porte à la cour des princes, le centre des honneurs et de la gloire. On peut dire que c'est la couronne d'Ariane, qui est placée dans le ciel. C'est là que cette vertu brille des noms de magnanimité, de fermeté et de courage ; et, comme les plantes ont plus de force lorsqu'elles croissent dans les terres fertiles, aussi la sincérité est plus admirable auprès des grands, où la majesté même du Prince, qui ternit tout ce qui l'environne, lui donne un nouvel éclat.

Un homme sincère à la cour d'un prince est un homme libre parmi des esclaves. Quoiqu'il respecte le Souverain, la vérité, dans sa bouche, est toujours souveraine, et, tandis qu'une foule de courtisans est le jouet des vents qui règnent et des tempêtes qui grondent autour du trône, il est ferme et inébranlable, parce qu'il s'appuie sur la vérité, qui est immortelle par sa nature et incorruptible par son essence.

Il est, pour ainsi dire, garant envers les peuples des actions du Prince. Il cherche à détruire, par ses sages conseils, le vice de la cour, comme ces peuples qui, par la force de leur voix, voulaient épouvanter le dragon qui éclipsait, disaient-ils, le soleil ; et, comme on adorait autrefois la main de Praxitèle dans ses statues, on chérit un homme sincère dans la félicité des peuples, qu'il procure, et dans les actions vertueuses des princes, qu'il anime.

Lorsque Dieu, dans sa colère, veut châtier les peuples, il permet que des flatteurs se saisissent de la confiance des princes, qui plongent bientôt leur État dans un abîme de malheurs. Mais, lorsqu'il veut verser ses bénédictions sur eux, il permet que des gens sincères aient le coeur de leurs rois et leur montrent la vérité, dont ils ont besoin comme ceux qui sont dans la tempête ont besoin d'une étoile favorable qui les éclaire.

Aussi voyons-nous, dans Daniel, que Dieu, irrité contre son peuple, met au nombre des malheurs dont il veut l'affliger, que la vérité ne sera plus écoutée, qu'elle sera prosternée à terre, dans un état de mépris et d'humiliation : et prosternetur veritas in terra.

Pendant que les hommes de Dieu annonçaient à son peuple les arrêts du Ciel, mille faux prophètes s'élevaient contre eux. Le peuple, incertain de la route qu'il devait suivre, suspendu entre Dieu et Baal, ne savait de quel côté se déterminer. C'est en vain qu'il cherchait des signes éclatants, qui fixassent son incertitude. Ne savait-il pas que les magiciens de Pharaon, remplis de la force de leur art, avaient essayé la puissance de Moïse et l'avaient pour ainsi dire lassée ? À quel caractère pouvait-on donc reconnaître les ministres du vrai Dieu ? Le voici : c'est à la sincérité avec laquelle ils parlaient aux princes ; c'est à la liberté avec laquelle ils leur annonçaient les vérités les plus fâcheuses, et cherchaient à ramener des esprits séduits par des prêtres flatteurs et artificieux. Les historiens de la Chine attribuent la longue durée et, si je l'ose dire, l'immortalité de cet empire, aux droits qu'ont tous ceux qui approchent du Prince, et surtout un principal officier nommé Kotaou, de l'avertir de ce qu'il peut y avoir d'irrégulier dans sa conduite. L'empereur Tkiou, qu'on peut justement nommer le Néron de la Chine, fit attacher en un jour, à une colonne d'oirai enflammée, vingt-deux mandarins, qui s'étaient succédé les uns les autres à ce dangereux emploi de Kotaou. Le tyran, fatigué de se voir toujours reprocher de nouveaux crimes, céda à des gens qui renaissaient sans cesse. Il fut étonné de la fermeté de ces âmes généreuses et de l'impuissance des supplices, et la cruauté eut enfin des bornes, parce que la vertu n'en eut point.

Dans une épreuve si forte et si périlleuse, on ne balança pas un moment entre se taire et mourir; les lois trouvèrent toujours des bouches qui parlèrent pour elles ; la vertu ne fut point ébranlée, la vérité, trahie, la constance, lassée ; le Ciel fit plus de prodiges que la Terre ne fit de crimes, et le tyran fut enfin livré aux remords.

Voulez-vous voir, d'un autre côté, un détestable effet d'une lâche et basse complaisance ? comme elle empoisonne le coeur des princes ? et ne leur laisse plus distinguer les vertus d'avec les vices ? Vous le trouverez dans Lampridius, qui dit que Commode, ayant désigné consul l'adultère de sa mère, reçut le titre de pieux et qu'après avoir fait mourir Perennis, il fut surnommé heureux : Cum adulterum matris consulem designasset, Commodus vocatus est pius ; cum occidisset Perennem, vocatus est felix. Quoi ! Ne se trouvera-t-il personne qui renverse ces titres fastueux, qui apprenne à cet empereur qu'il est un monstre, et rende à la vertu des titres usurpés par le vice ?

Non ! À la honte des hommes de ce siècle, personne ne parla pour la vérité. On laissa jouir cet empereur de ce bonheur et de cette piété criminels. Que pouvait on faire davantage pour favoriser le crime que de lui épargner la honte et les remords mêmes ?

«Les richesses et les dignités, disait Platon, n'engendrent rien de plus corrompu que la flatterie. » On peut la comparer à ces rochers cachés entre deux eaux, qui font faire tant de naufrages. «Un flatteur, selon Homère, est aussi redoutable que les portes de l'Enfer. » - «C'est la flatterie, est-il dit dans Euripide, qui détruit les villes les mieux peuplées et fait tant de déserts. » . Heureux le prince qui vit parmi des gens sincères qui s'intéressent à sa réputation et à sa vertu. Mais que celui qui vit parmi des flatteurs est malheureux de passer ainsi sa vie au milieu de ses ennemis ; Oui ! Au milieu de ses ennemis ! Et nous devons regarder comme tels tous ceux qui ne nous parlent point à coeur ouvert ; qui, comme ce Janus de la fable, se montrent toujours à nous avec deux visages; qui nous font vivre dans une nuit éternelle, et nous couvrent d'un nuage épais pour nous empêcher de voir la vérité qui se présente.

Détestons la flatterie ! Que la Sincérité règne à sa place ! Faisons-la descendre du Ciel, si elle a quitté la Terre. Elle sera notre vertu tutélaire. Elle ramènera l'âge d'or et le siècle de l'innocence, tandis que le mensonge et l'artifice rentreront dans la boîte funeste de Pandore. La Terre, plus riante, sera un séjour de félicité. On y verra le même changement que celui que les poètes nous décrivent, lorsque Apollon, chassé de l'Olympe, vint parmi les, mortels, devenu mortel lui-même, faire fleurir la foi, la justice et la sincérité, et rendit bientôt les Dieux jaloux du bonheur des hommes, et les hommes, dans leur bonheur, rivaux même des Dieux.

ÉLOGE DE LA SINCÉRITÉ

Eloge de La Sincerité

Les Stoïciens faisoient consister presque toute la philosophie a se connoitre soi même; la vie, disoient ils, n'etoit pas trop longue pour une telle etude; ce precepte avoit passé des ecoles sur le frontispice des temples: mais il n'etoit pas bien difficile de voir que ceux qui conseilloient à leurs disciples de travailler à se connoitre, ne se connoissoient pas.

Les Moyens qu'ils donnoient pour y parvenir, rendoient le precepte Inutile; Ils vouloient qu'on s'examinât sans Cesse, comme si on pouvoit se connoitre en s'examinant.

Les hommes se regardent de trop près pour se voir tels qu'ils sont, comme Ils n'aperçoivent leurs vertus et leurs vices qu'au travers de l'amour propre qui embellit tout, Ils sont toujours d'eux mêmes des temoins Infidelles et des Juges Corrompus.

Ainsi ceux la etoient bien plus Sages qui connoissant combien les hommes sont naturellement eloignés de la Verité, faisoient consister toute la sagesse à la leur dire. belle philosophie qui ne se bornoit point à des Connoissances Speculatives, mais a l'exercice de la Sincerité! plus belle encore, si quelques Esprits faux+

+ Les Cyniques